A Kalmus Classic Edition

Isaac

ALBENIZ

RAPSODIA ESPAÑOLA

Opus 70

FOR TWO PIANOS, FOUR HANDS

K 02222

Kalmus

RAPSODIA ESPAÑOLA

Opus 70
for Piano and Orchestra

ISAAC ALBENIZ
(1860-1909)

p
p
Ped.
sf
3
sf
Ped.
sf
sf
3

cresc.
Ped.
cresc.
poco riten.
3
Una corda

espressivo
Una corda
Ped.

riten.
ben marcato
ritenuto
Ped.
ritenuto
ritard.
Andantino
Una corda
ritard.

Adagio
Ped.
ten.
dim.
tr
p
ritard.
Lento
Una corda
PETENERA DE MARIANI
Allegretto non troppo
marcato

dim.
Ped.
p
dim.
sf
Ped.
p
meno p
cresc.
rit.
a tempo
a tempo
poco rit.
Ped.
Ped.

rit.
mf
Ped.
p

Ped.
Ped.
Ped.
Ped.
Ped.
Ped.
Ped.
Ped.
Ped.
Ped.
Ped.
Ped.

Ped.
Ped.
Ped.
Ped.
dim.
Ped.
Ped.
Ped.
Ped.
Ped.
Ped.
Ped.

Ped.
Ped.
Ped.
Tutti.
ff
Ped.

3
leggiero
Ped.
Ped.
Ped.
Ped.

Allegretto
ritard.
Ped.
con 8a
Una corda
mf

mf
molto
molto
Andantino
rallentando
molto ritard.
rallentando

JOTA ORIGINAL

8
cresc.
piu - - cresc.
ff
f
fff
Ped.
Tutti.

fff
fff
staccato ma p
Ped.
Ped.
8
Ped.
Ped.
Ped.

Ped.
subito
mf
Ped.
Ped.

cresc.
cresc.
ff

Ped.
Ped.
cresc.
dim. e rall.

MALAGUENA JUAN BREVA

Ped.
Ped.
Ped.
Ped.
Ped.
Ped.
Ped.
Ped.
Ped.
Ped.
Ped.
Ped.

Ped.
Ped.
Ped.
poco.
cresc.
acceler.
Ped.
Ped.
Ped.
Ped.
Ped.
Ped.
Ped.
Ped.
Ped.

Ped.
Ped.
Ped.
cresc.
Ped.

cresc.
Ped.
cresc.
ff
ff
Ped.

Ped.
Ped.
Ped.
Ped.
dim.
ritard.

Allegretto ma non troppo

Ped.

Lento
dim.
Lento
Andante
ad libitum
Vivace
Andante
Vivace

Adagio
rall.
Ped.
Adagio
Ped.
Ped.
Andantino
cresc.
Andantino
cres:
Vivace
8
Vivace

ESTUDIANTINA

Ped.
Ped.
Ped.
Ped.
Ped.
Ped.
Ped.
Ped.

8
sempre f
Ped.
Ped.
Ped.
8
Ped.

8
Ped.
Ped.
Presto
p
cresc.
cresc.
ff
ff

8
fff
ff
ff
8
8
Ped.
Ped.
8
8
Ped.
Ped.
*